¡ESQUiVEL!

SuSan Wood

ILuSTRaDo PoR

DunCaN TonaTiuH

UN aRTiSTa DeL SoniDo De La ERa eSPaCiaL

Charlesbridge

De niño, Juan García Esquivel vivió con su familia en Tampico, México, rodeado de la música de los mariachis, sus alegres expresiones y el rasgueo de sus guitarras.

¡PLIN-PLIN-PLIN!

A los seis años de edad, Juan sintió curiosidad por la música. En su casa había un piano; era en realidad una pianola, instrumento que tiene un rollo de papel perforado que indica qué teclas tocar. Al ingenioso Juan se le ocurrió una idea: desconectó el rollo de papel y convirtió la pianola en algo que él podía utilizar para practicar. Tocaba día y noche.

A los diez años, Juan estaba fascinado por la música. Le encantaba tocar el piano, a cualquier hora y en cualquier lugar. A veces se iba de su casa en busca de público, y su familia tenía que salir a buscarlo. Siempre lo encontraban sentado a un piano.

Cuando la familia de Juan se mudó al Distrito Federal, la animada capital del país, Juan encontró un trabajo, tocando el piano, en la primera emisora de radio que retransmitía las veinticuatro horas del día. Juan tocaba quince minutos diariamente y ganaba dos pesos por «concierto», lo suficiente para comprarse un sándwich y volver a su casa en taxi. Tenía catorce años.

Entonces Juan empezó a aprender todo lo que acerca de música por su cuenta, sin maestros, ni clases ni escuelas. Sin formación académica, Juan se concentró en la combinación de sonidos, hasta que se sintió capaz de crear sus propias melodías. A los diecisiete años, le ofrecieron un trabajo como director de orquesta en un popular programa radiofónico de humor. Juan aceptó el trabajo encantado.

Cuando el animador del programa necesitaba música para una escena cómica, como la de un hombre robusto que paseaba su perrito caniche por una transitada calle, Juan tenía que imaginarse cómo era ese sonido.

Entonces, Juan le pedía al timbalero que imitara el sonido del caminar pesado y lento de un gigante: ¡TUM, TUM! ¡TUM, TUM! Les pedía a los clarinetes y oboes que hicieran el sonido de un delicado caniche: ¡TII! ¡TII! Y a las trompetas y trombones que lograran el sonido de las ruidosas bocinas de los autos: ¡TEEE! ¡TUUU! ¡TOOO!

Juan ensayaba, mezclaba, combinaba y componía todo tipo de sonidos para representar cada situación. Era un artista que utilizaba toques y matices de colores para recrear un vivo paisaje, pero en lugar de pintura, Juan usaba sonidos. ¡Sonidos singulares y bulliciosos!

Y Juan comenzó a experimentar con canciones populares mexicanas. Probaba con diferentes tempos, haciendo las canciones lentas para luego avivarlas. Manipulaba la dinámica, pasando de sonidos muy suaves y relajantes a otros fuertes y alarmantes. Alteraba acordes y combinaba diferentes instrumentos para lograr un sonido emocionante, ensoñador y muchas veces simpático, porque a Juan le gustaba que su música hiciera reír a la gente. Pero detrás de ese humor, se necesitaba un gran talento para interpretar la música innovadora de Juan Esquivel.

Hasta entonces nadie había escuchado una música como la de Juan. En poco tiempo empezó a recibir premios. Sus canciones se grababan y sus álbumes se vendían en las tiendas. La música innovadora de Juan se podía oír en todas las emisoras y tocadiscos de México.

Su música llegó a oídos de un importante sello discográfico de Estados Unidos, y no dudaron en invitarlo a grabar. ¡Sí! ¡Sí! ¡Sí!

Juan empacó dos trajes, se compró un auto deportivo convertible, grande y rojo, con capota blanca, y manejó hasta la ciudad de Nueva York.

¡RUUUUUM!

En Nueva York encontró una tienda de música del tamaño de unos grandes almacenes, con tres pisos llenos de instrumentos raros y exóticos.

Vio **BOOBAMS**, unos tubos de bambú con los que se conseguía una melodía;

¡CLUN DANG TOC!

también un instrumento electrónico con un sonido característico y agudo llamado **TEREMÍN**;

¡Bzzz! ¡Bzzz!

se encontró con una **BUZZIMBA**, una especie de marimba electrónica que se toca con un mazo;

vio un **ONDOLÍN**, un órgano
con el teclado oscilante;

¡NIIIIEEEUvvv NNIAAAA!

y hasta un **GONG** gigante.

Con tantos sonidos raros y nuevos que tocar, ¡Juan se encontraba en el paraíso!

El final de la década de 1950 y el principio de la década de 1960 fue una época genial para grabar música. Los científicos habían descubierto un nuevo proceso llamado «estereofónico» o «estéreo». Este proceso separaba los sonidos, de manera que cuando escuchabas una grabación, la música parecía venir del lado izquierdo, del lado derecho o de ambos lados al mismo tiempo. Para un artista del sonido como Juan, el estéreo era otro atractivo color para su paleta musical.

estéreo: el sonido que pueden seguir tus ojos

Para conseguir una buena grabación con sonido estereofónico, los instrumentos se tenían que grabar por separado. Así, el **¡TBBBB!** de las trompetas no se mezclaba con el **¡TLUUU!** de las flautas. Algunos directores de orquesta utilizaban cortinas, pantallas o cubículos especiales para separar los instrumentos. Para Juan eso no era suficiente. Una vez colocó la mitad de su orquesta en un estudio y la otra mitad . . .

. . . en otro ubicado en el extremo opuesto del mismo edificio, tan lejos que parecían estar separados por una cuadra de distancia. Los músicos usaban auriculares para poder escuchar lo que tocaban, y para que solo ellos pudieran verlo, Juan dirigía la orquesta por circuito cerrado de televisión.

Juan añadió otro truco más: trajo cantantes, pero que no cantaban palabras, sino sonidos. Sonidos como ¡ZU-ZU-ZU!, ¡DUU! y ¡PAU!

Juan hacía extravagantes versiones de canciones populares, cambiando la letra que todos conocían por sonidos divertidos y originales que reproducían los cantantes.

A la gente le encantaba la música colorida de Juan. Los transportaba a otros mundos, a otros planetas. ¡Sonaba como un cohete enloquecido zigzagueando a través del espacio!

Cuando Juan no trabajaba en sus insólitas composiciones, disfrutaba de muchas otras actividades: apreciaba el arte, los autos de lujo y la ropa elegante. Le agradaban las mujeres bonitas, pero lo que más le gustaba era la música.

Grabó muchos discos y tocó en cientos de conciertos con su orquesta.

Juan y su orquesta tocaron en el Stardust Hotel de Las Vegas durante catorce años consecutivos. Sus admiradores, entre ellos cantantes y actores famosos, llegaban de todas partes para escuchar sus maravillosos sonidos. Juan también compuso música para docenas de películas y programas de televisión, uno de ellos dirigido al público infantil.

Y a Juan dejaron de llamarlo Juan. Había explorado las fronteras del sonido, descubriendo infinidad de posibilidades musicales; cambió y mejoró la idea que se tenía de la música y de la forma de escucharla y disfrutarla. Ahora Juan era para todos el artista del sonido de la era espacial, conocido sencillamente como **¡ESQUIVEL!**, *¡entre signos de exclamación!*

NOTA DE LA AUTORA

La primera vez que escuché la música futurista y bizarra de Esquivel fue a principios de la década de los noventa, cuando trabajaba de periodista escribiendo artículos sobre música popular para diarios y revistas. Los jóvenes de las grandes ciudades, como Nueva York, Los Ángeles y Chicago, se aburrían con la música de la radio y empezaron a buscar ritmos más interesantes entre las viejas colecciones de discos de sus padres. Esquivel pronto se convirtió en uno de sus artistas favoritos. Las compañías discográficas comenzaron a reeditar en formato CD los álbumes que Esquivel había grabado en vinilo tres décadas antes. Se vendieron miles de discos compactos que dieron a conocer a una nueva generación, incluyéndome a mí, la innovadora y fascinante música de Esquivel.

Nadie se sorprendió más de esta inesperada popularidad que el propio Esquivel. Hacía ya muchos años que no grababa, sino que se había centrado en componer música para cine y televisión, y para el programa de televisión mexicano infantil llamado *Odisea Burbujas*. «Me ha causado una gran sorpresa», declaró en 1995. «Hice esas grabaciones hace mucho tiempo y para mí son parte del pasado. . . . Nunca pensé que alguien pudiera interesarse por ellas».

Ese nuevo interés por Esquivel fue solo una parte de una tendencia aún mayor centrada en redescubrir la música *lounge*. El término «música *lounge*» es la expresión contemporánea para referirse a la música «*easy-listening*» ('música agradable al oído'), que adquirió gran popularidad en las décadas de los cincuenta y sesenta. Música que tenía el poder de transportar a los oyentes a otro mundo, como a una isla tropical, a una selva o al espacio exterior. Sus raíces eran el *jazz* y solía combinarse con sonidos exóticos de lugares lejanos: ritmos, melodías, instrumentos e incluso sonidos de animales. Era una música relajante, para escucharla apaciblemente. A finales de la década de los ochenta y durante la de los noventa, nuevos artistas empezaron a experimentar con el estilo de la antigua música *lounge*, dándole su propio toque creativo.

Como le ocurre a mucha gente, cuando escucho las excéntricas composiciones de Esquivel, mi mente se llena de imágenes. Su música sugiere una gran variedad de lugares, criaturas y actividades, todo ello a partir del sonido. En 1961, el cómico Ernie Kovacs imaginó una oficina y una cocina repletas de artefactos, muebles, electrodomésticos e, incluso, un pollo asado, mientras bailaba al son de Esquivel. Los programas de televisión que hacía Kovacs se emitían en todo el país, con especiales en los que se mostraban cortometrajes innovadores realizados con la manipulación de objetos por medio de control remoto. Esquivel falleció en 2002, pero sigue siendo una fuente de inspiración para artistas de distintos medios, desde músicos y animadores hasta directores cinematográficos, que reconocen y aprecian su originalidad e imaginación. Un grupo de músicos disfrutaba tanto de la música de Esquivel que decidió formar una orquesta de veintidós integrantes para interpretar únicamente sus composiciones. Esta gran banda, llamada Mr. Ho's Orchestrotica, es de Boston, Massachusetts, y lleva la brillante música de Esquivel al público de todo el mundo, incluyendo México, país natal del compositor.

Esquivel dejó también su legado como pionero del sonido estéreo, que ahora se usa habitualmente en el sonido envolvente de la televisión y del cine, y en el efecto estéreo de los CD, MP3 y otros medios de audio. El gran impacto cultural de Esquivel recibió un homenaje en 2010, cuando su composición clásica *Minifalda* se incluyó de manera destacada en *Yo, México*, una obra teatral que conmemoró el centenario de la Revolución mexicana. Cerca de un millón de personas asistieron a este espectáculo de cuatro días de duración, realizado en México D. F. Seguramente Esquivel se habría sentido muy orgulloso de haber formado parte de este importante evento.

Mientras llevaba a cabo la investigación para escribir este libro, leí muchas entrevistas hechas a Esquivel. Una de mis historias favoritas es en la que cuenta que un columnista de un diario de Chicago no conocía su música ni el porqué de los signos de exclamación en su nombre. Esquivel recuerda: «Antes de la apertura, escribió en su columna: "¡Esquivel! ¿Por qué?". Vino al concierto y le mostré el porqué. . . . En la columna de la semana siguiente escribió: "Esquivel es tan bueno que merece dos signos de exclamación"».

¡¡Y yo estoy completamente de acuerdo!!

NOTA DEL ILUSTRADOR

Ilustrar este libro fue muy divertido. Yo no conocía la música de Esquivel y disfruté mucho al escuchar sus canciones por primera vez y conocer su vida. Intenté reflejar en mis dibujos un poco de la energía y del humor presentes en su música. El trabajo me sirvió también para experimentar con el texto escrito a mano, así como para estudiar la moda en la época de Esquivel.

Esquivel solía interpretar canciones tradicionales mexicanas, como *Bésame mucho* o *La bamba*, con sus propios arreglos. Algunas partes las hacía más lentas, otras más rápidas, incorporando instrumentos poco comunes y sonidos originales. Dio nueva vida a canciones tradicionales haciéndolas divertidas e interesantes para las nuevas generaciones de oyentes.

Yo también intento hacer algo parecido con mis ilustraciones, inspiradas en el arte antiguo mexicano, especialmente en el códex mixteca de los siglos XIV y XV. Al igual que las personas y animales ilustrados en el códex, mis dibujos respetan el mismo estilo: ilustraciones de cuerpo

Mixtec codex (Zouche–Nuttall). Copyright © The Trustees of the British Museum.

entero con orejas en forma de número tres. También apliqué texturas de *collage* y elementos fotográficos de forma electrónica, utilizando un *software* especial. Espero que, al igual que lo hizo Esquivel, mi trabajo también le dé nueva vida a un tipo de arte tradicional y sirva para conseguir libros entretenidos e interesantes para los jóvenes lectores.

Recursos

Citas para nota de la autora

«Me sorprende mucho... en mis grabaciones». Morgenstern, p 142.

«Antes de que tocáramos. Signos de exclamación». Conner, Thomas: "Is It Live or Is It Esquivel?". En *Chicago Sun-Times*, Octubre 2, 2005.

Libros y periódicos

Morgenstern, Hans: "Esquivel: Other Worlds, Other Sounds". En *Goldmine Magazine*, Octubre 13, 1995, 81—84, 142, 183.

Vale, V: "Juan García Esquivel". En *Re/Search #15: Incredibly Strange Music*, Vol. 2, editado por V. Vale y Andrea Juno, 150—167. San Francisco: Re/Search Publications, 1994.

Páginas y sitios web

Los enlaces a sitios web y videos que figuran a continuación se encontraban activos en el momento de esta publicación. Para más información sobre Esquivel, escribe su nombre en tu motor de búsqueda favorito.

Aprende sobre el papel que tuvo Esquivel en el desarrollo del sonido estéreo.

Kaliss, Jeff: *Soundtrack for Modern Living: Esquivel in Orbit.* Eichler Network website.

http://www.eichlernetwork.com/article/soundtrack-modern-living-esquivel-orbit

Aprende sobre la vida y el trabajo de Esquivel, y escucha muestras de su música.

Holmes, Joseph: *Esquivel! Space Age Bachelor Pad Music* website.

http://josephholmes.io/spaceage/esquivel/esquivel.html

Lee una entrevista con Esquivel realizada en 1996.

Molenda, Michael: "Space Age Pioneer". *Electronic Musician*, September 15, 2006.

http://www.emusician.com/artists/1333/space-age-pioneer/37034

Escucha canciones y mira videos de la única banda del mundo que le rinde tributo a Esquivel.

Mr. Ho's Orchestrotica website.

http://orchestrotica.com

Videos

Mira películas de Ernie Kovacs que muestran aparatos electrodomésticos, muebles y más elementos que «bailan» con la música de Esquivel.

Kitchen Symphony.

https://www.youtube.com/watch?v=16yl-uQqcFA

Musical Office.

https://www.youtube.com/watch?v=4EXKMJ4LMKA

Mira un fragmento de la obra de teatro *Yo, México* que incluye la canción *Minifalda*, de Esquivel.

https://www.youtube.com/watch?v=co4sE4T7PSE

Mira una entrevista con Juan García Esquivel, del año 1968 aproximadamente.

https://www.youtube.com/watch?v=rqdLrEA4uQQ

Ysunza N.
MEXICO

Courtesy of Carina Osorio Perez and Irwin Chusid

A quienes aspiran a ser artistas del sonido.—S. V.

A mi hermano y a todos aquellos que bailan aun
cuando los demás no escuchan la música.—D. T.

Un agradecimiento especial a Irwin Chusid, Brother Cleve, Arturo
Jiménez, Glen Morrow y Brian O'Neill por sus expertos comentarios
sobre el manuscrito y las ilustraciones.

Published by Charlesbridge
85 Main Street
Watertown, MA 02472
(617) 926-0329
www.charlesbridge.com

Library of Congress Cataloging-in-Publication Data
Names: Wood, Susan, 1965– | Tonatiuh, Duncan, illustrator. | Calvo, Carlos E., translator.
Title: ¡Esquivel! un artista del sonido de la era espacial / Susan Wood; ilustrado por Duncan Tonatiuh;
traducido por Carlos E. Calvo.
Description: Watertown, MA : Charlesbridge, [2016]
Identifiers: LCCN 2015026829 | ISBN 9781580897334 (reinforced for library use) | ISBN 9781607349815
(ebook) | ISBN 9781607349822 (ebook pdf)
Subjects: LCSH: Esquivel, Juan Garcia—Juvenile literature. | Composers—Mexico—Juvenile literature.
Classification: LCC ML3930.E83 V3618 2016 | DDC 780.92—dc23 LC record available at
http://lccn.loc.gov/2015026829

Printed in China
(hc) 10 9 8 7 6 5 4 3 2 1

Illustrations hand-drawn, then collaged digitally
Display type set in Swung Note, designed by PintassilgoPrints
Text type set in Helenita by Rodrigo Typo
Color separations by Colourscan Print Co Pte Ltd, Singapore
Printed by 1010 Printing International Limited in Huizhou, Guangdong, China
Production supervision by Brian G. Walker
Designed by Susan Mallory Sherman